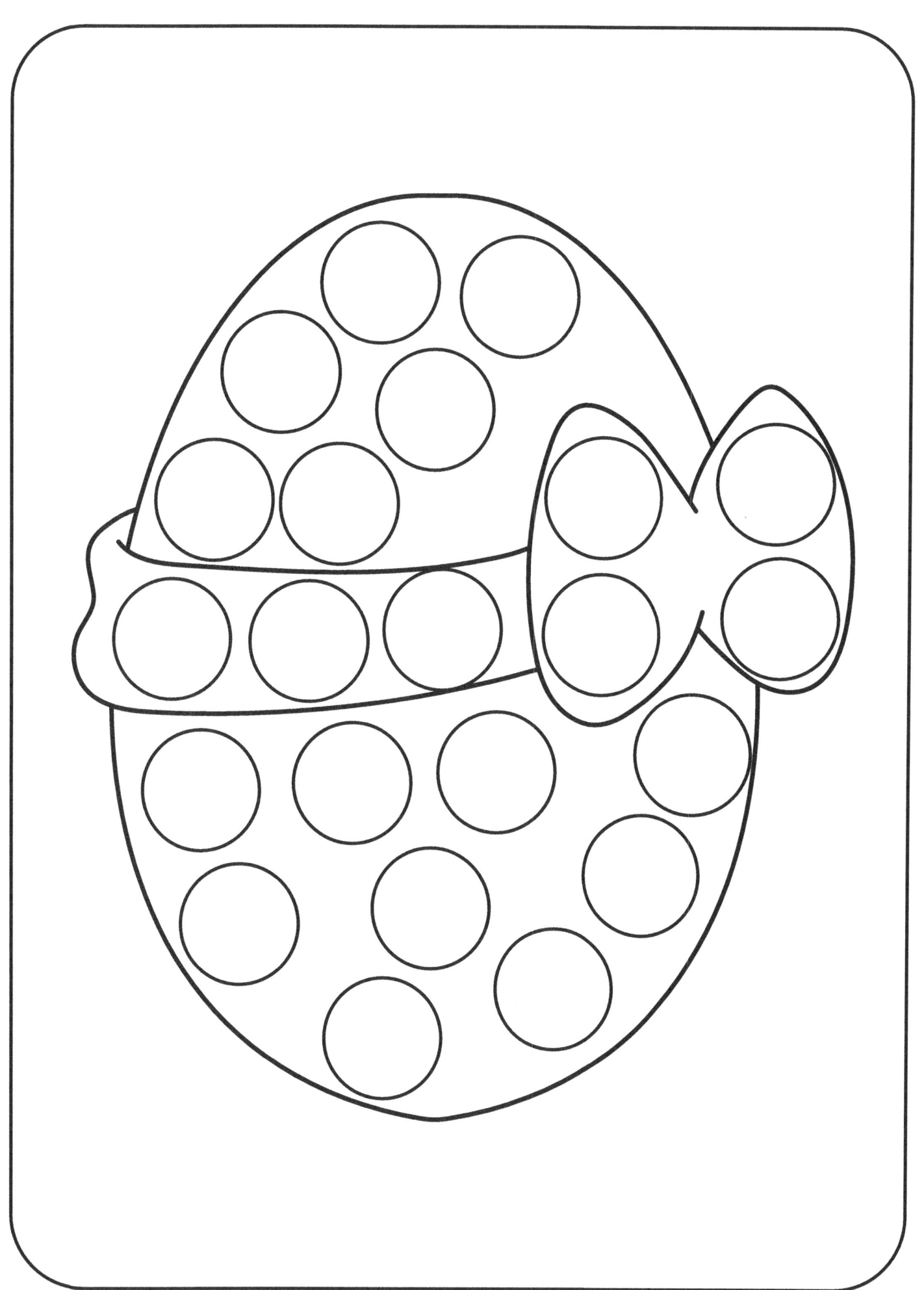

1	6			8	5	9		
8				1	4	6		
		4	6					1
9			5	6		7		
					1	2		6
	1	5	4			3		
3	4	1		9	2	5		
	9				6	4		7
		6	8	4		1		2

						6	9	
	1		8	6	4	7		2
		5	9		2		8	3
	8	9	2					
2			1			9		6
	4			9				8
	9	8	6	2	5		1	
6		1		8		2		
	2		3			8	6	5

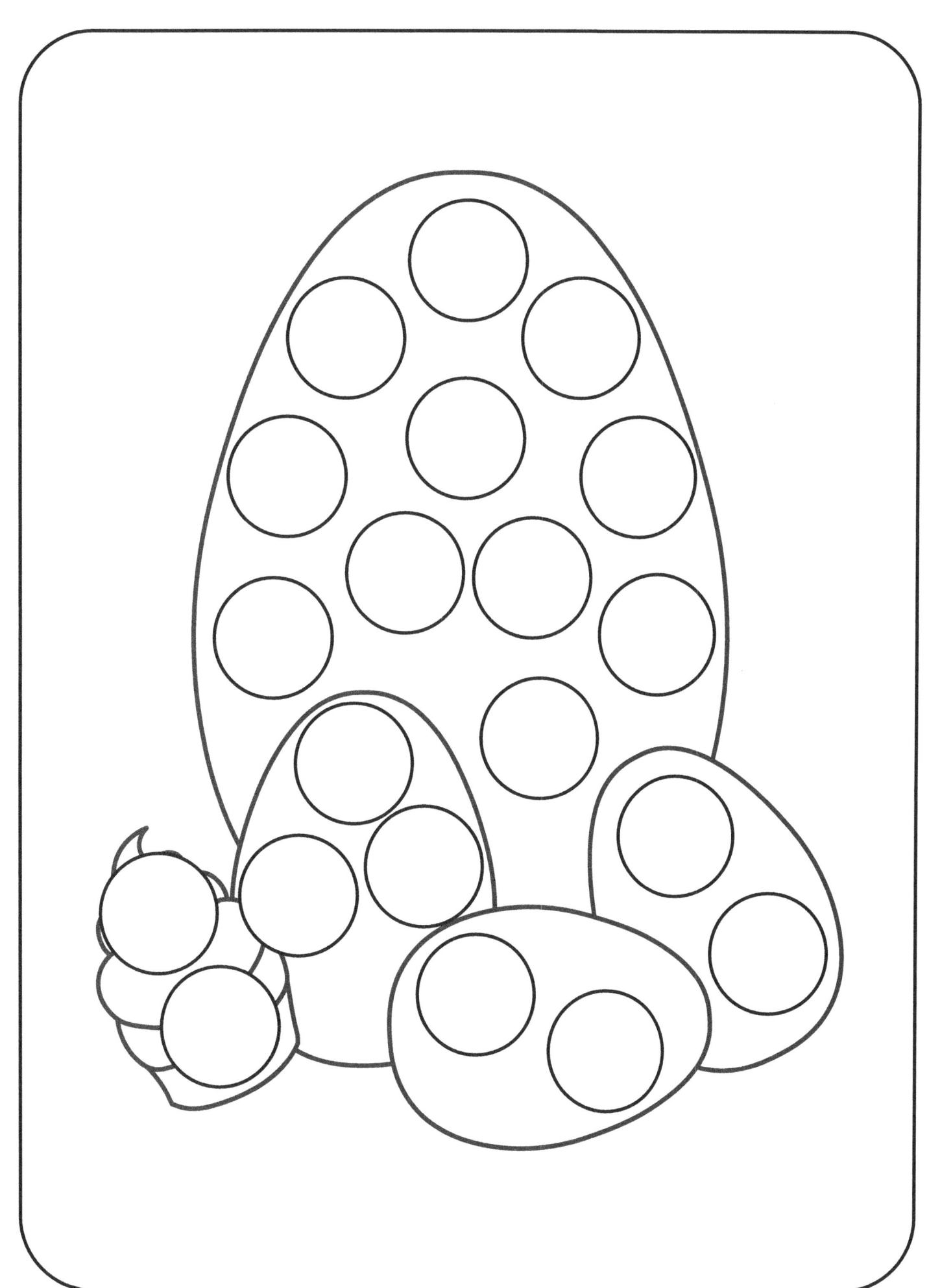

```
M X L G T T H A Q T C L V K
V Q D C Y W H I T E N T C G
Z E F Z D L L O R G G E N P
I I K V A C M H Q G X I I B
P A L M S U N D A Y R L E S
S I B D Z K Q I B P U N A E
P P J E W S F W S T G L H E
R R O L A S T S U P P E R D
O G K W C H O C O L A T E S
U Y G B E K A C T O R R A C
T U P Y S R E L L O H F X Z
E Y N U O S B Y P J U S I W
D E L D C L E J V U A G H Q
A K T F G E S I C A F R D E
```

1. WHITE
2. TULIP
3. SPROUTED
4. SPRING
5. SEEDS
6. POWER
7. PALM SUNDAY
8. CARROT CAKE
9. CHOCOLATE
10. EGG ROLL
11. HOLLER
12. JEWS
13. LAMB
14. LAST SUPPER

		7			6	2	5	
2	9	3		1		6		
6		4				1	9	8
3					1	5	6	
		5			4	9		
		8	2		5			1
8						7	3	
	7	9	8		2	4		
		1	6		7		2	9

```
E M D A E A M A Z E D G E I
P J T D U X B T N Z L I A J
A Y I O A X E E L C O F S F
M U Y L A G A G I A G T T G
G K E A L N X H F D S S E L
S B G C N P C D E R I T R A
A K C A I K S U N D A Y E W
O N S N A E B Y L L E J G E
E O G D A D P A K X N K G S
H D I E N I N I W V I I S O
Y X D R L S K H L M M C V M
C X W B X T X W M A C G E E
A B Z T T U P C F O T J H G
U M F F T O D W R N Y E O U
```

1. TIRED
2. SUNDAY
3. PILATE
4. OUTSIDE
5. LIFE
6. JELLY BEANS
7. HOSANNA
8. AMAZED
9. ANGEL
10. AWESOME
11. EASTER EGGS
12. GIFTS
13. GOLD
14. GUIDE

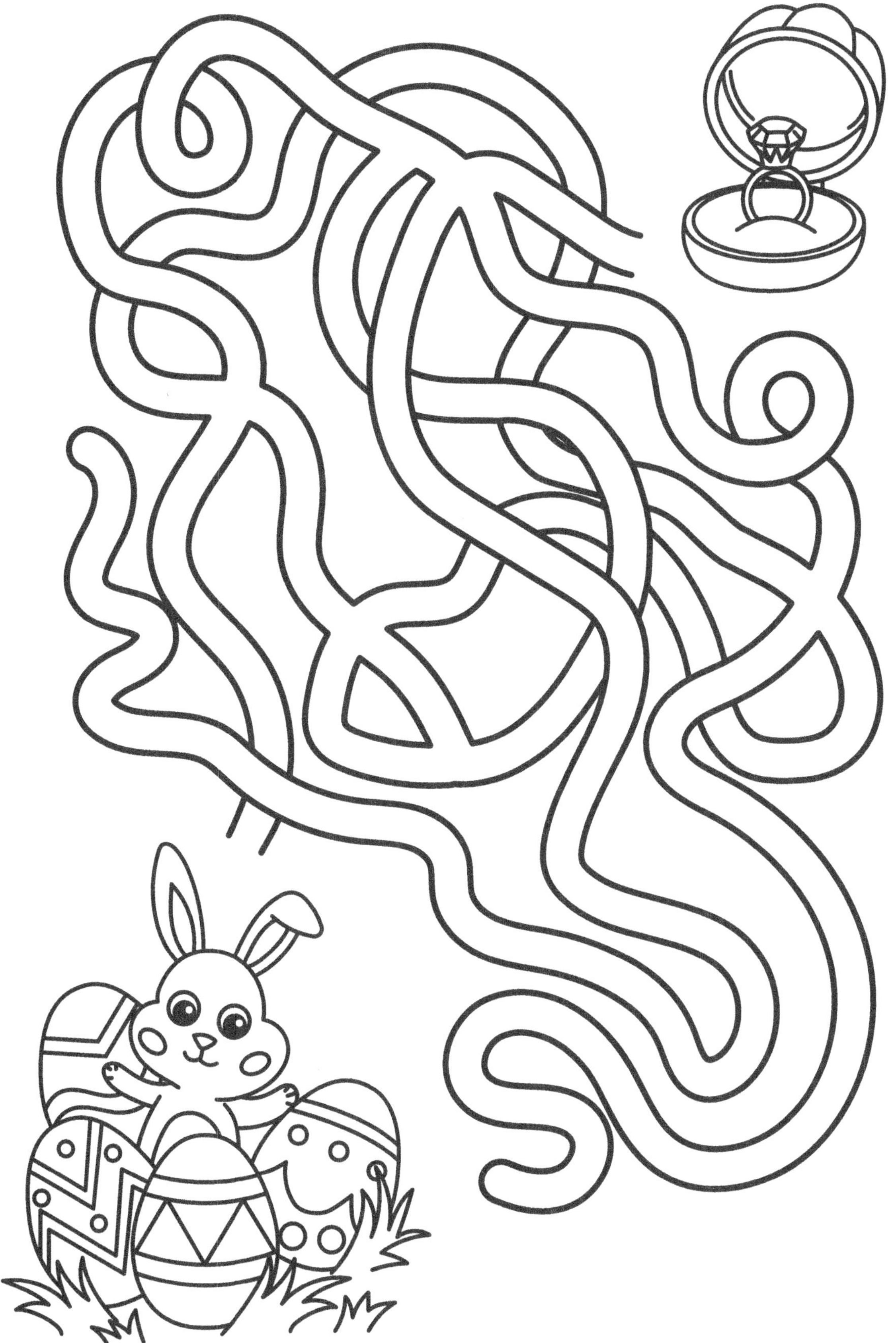

```
D X F F T C U T E F F U B B
A A H S X I X H N C J Y X E
F G E M P M Y J F U L H H H
F N N F C O K U Z F H Q V L
O L F C T N U F R R C G I W
D J A V N O O E D D N Z G D
I J S U F R T P E M U D I E
L F T D T T Z K A R R C L Q
Y R I U U S P Y T Q B M X G
V Q N B G A E K H P P G C W
C E G I D G Y T A N X R U M
M M A N I F E S T A T I O N
B L Q O B S E R V A N C E E
D I S C I P L E S S E U X W
```

1. VIGIL
2. OBSERVANCE
3. NEST
4. MANIFESTATION
5. GASTRONOMIC
6. FORTUNE
7. FASTING
8. BRUNCH
9. BUFFET
10. BUTTERFLY
11. DAFFODIL
12. DEATH
13. DISCIPLES
14. EGG HUNT

```
M U C F Z H O C Q E Y B S C
C O V H U R O B J W W A N H
B I R I I N M P P S W S U R
S L W T O C D L P C C K G I
K Z X E A A K A H I Z E G S
O X D D W L O S M P N T L T
T O E P X E I V D E G G E I
F I N D Z V E T A S N P X A
D U A G T I B K Y T A T O N
R O F C V L S W E S I T A S
X J P W N A L F T N J O A L
Y H O B O N N E T V D Z N K
E C J M V D L D T N Y Z F O
M I N T J E L L Y X N Y W H
```

1. WEEKEND
2. SNUGGLE
3. PASTEL
4. OVATION
5. MORTALITY
6. MINT JELLY
7. HOPPING
8. ALIVE
9. BASKET
10. BONNET
11. CHICKS
12. CHRISTIANS
13. FIND
14. FUNDAMENTAL

1. GREEN
2. BLUE
3. WHITE
4. BROWN
5. YELLOW
6. RED
7. VIOLET
8. PINK

6					4	9		1
	4	5			9		3	
		9	7		1	8		5
	6	3		9	2	1		
4	8				5		9	
		2		3		5	6	
	3			1	7	4		
8		7			6			9
	1		5			6	7	

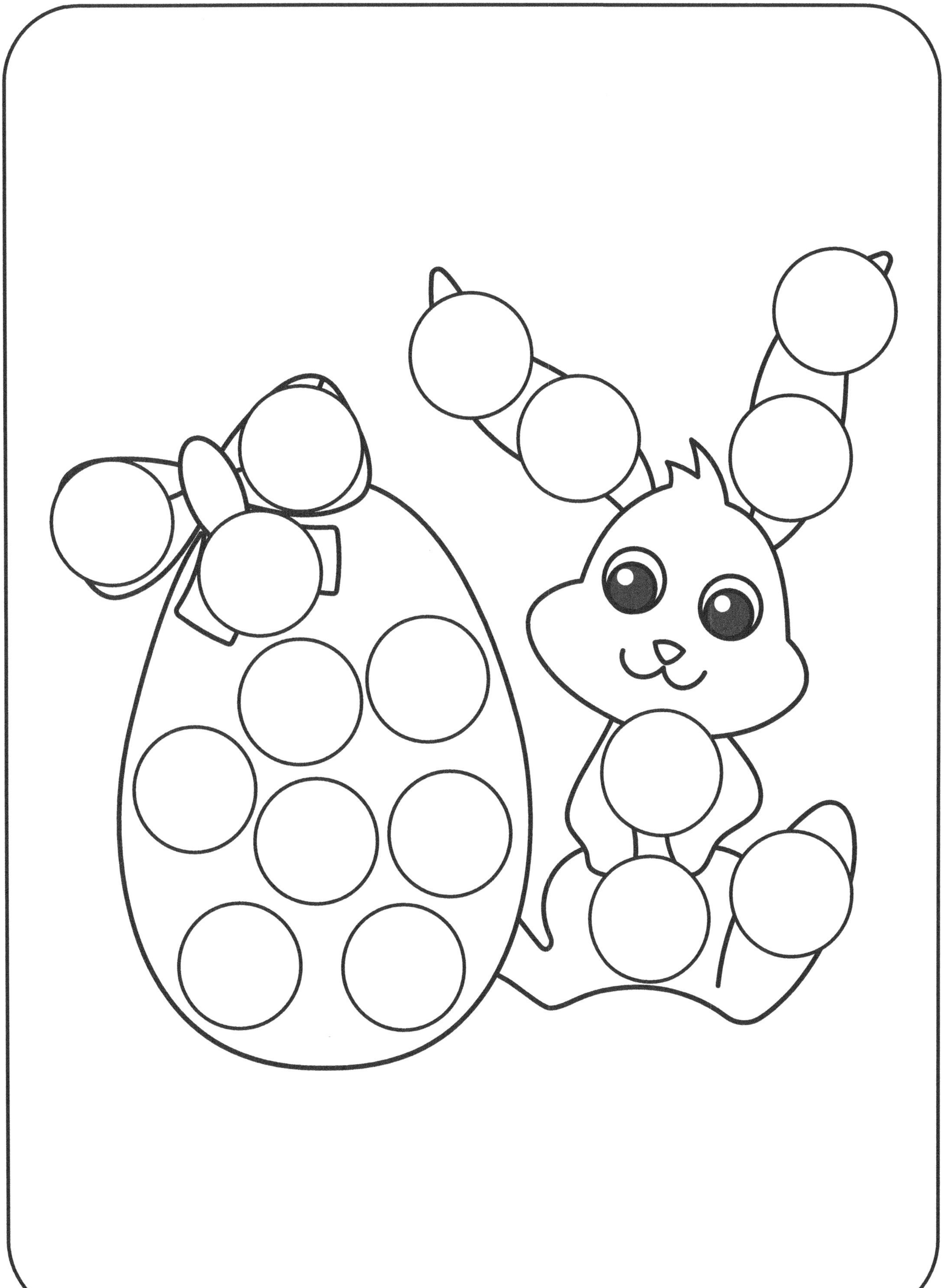

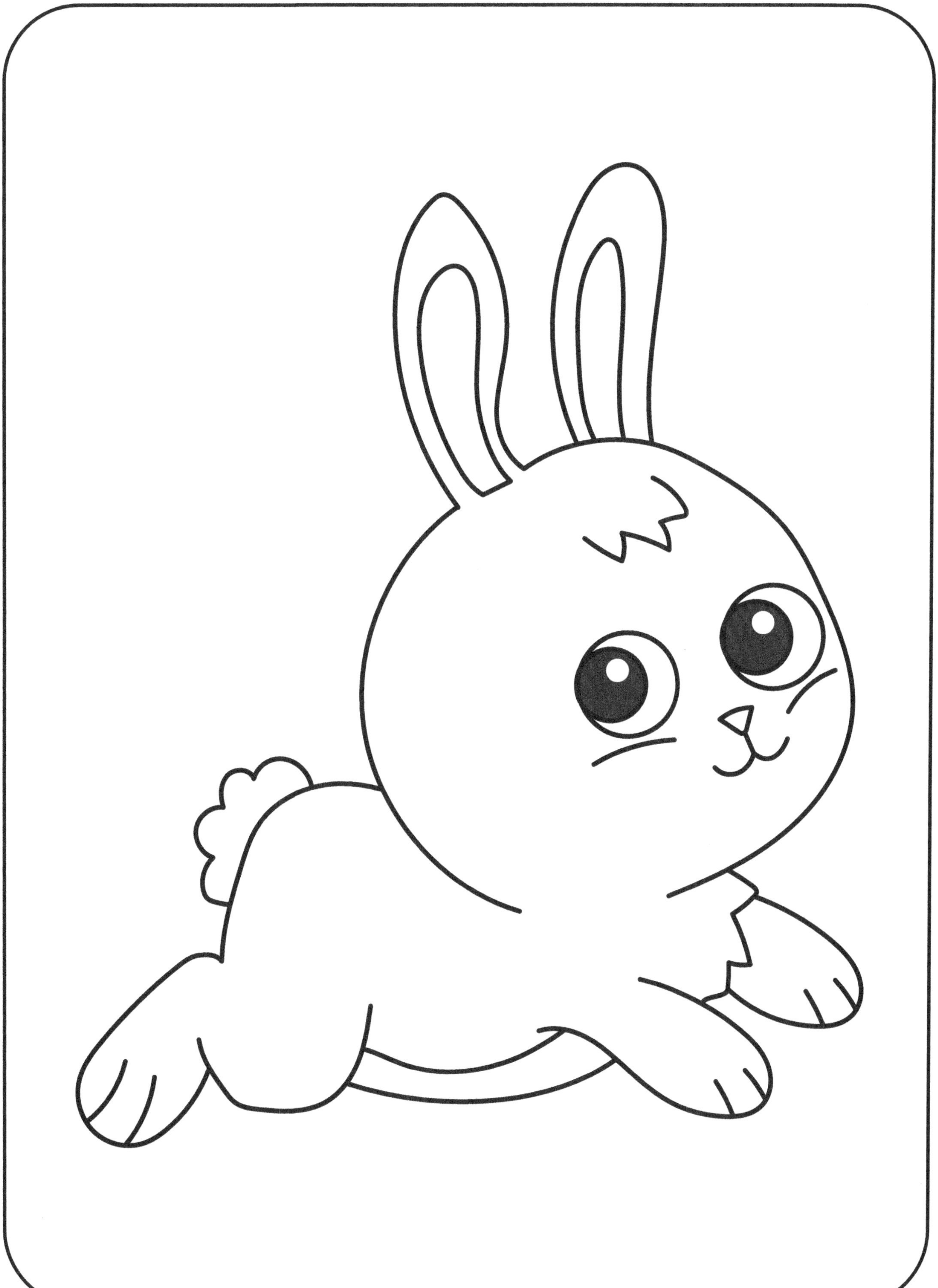

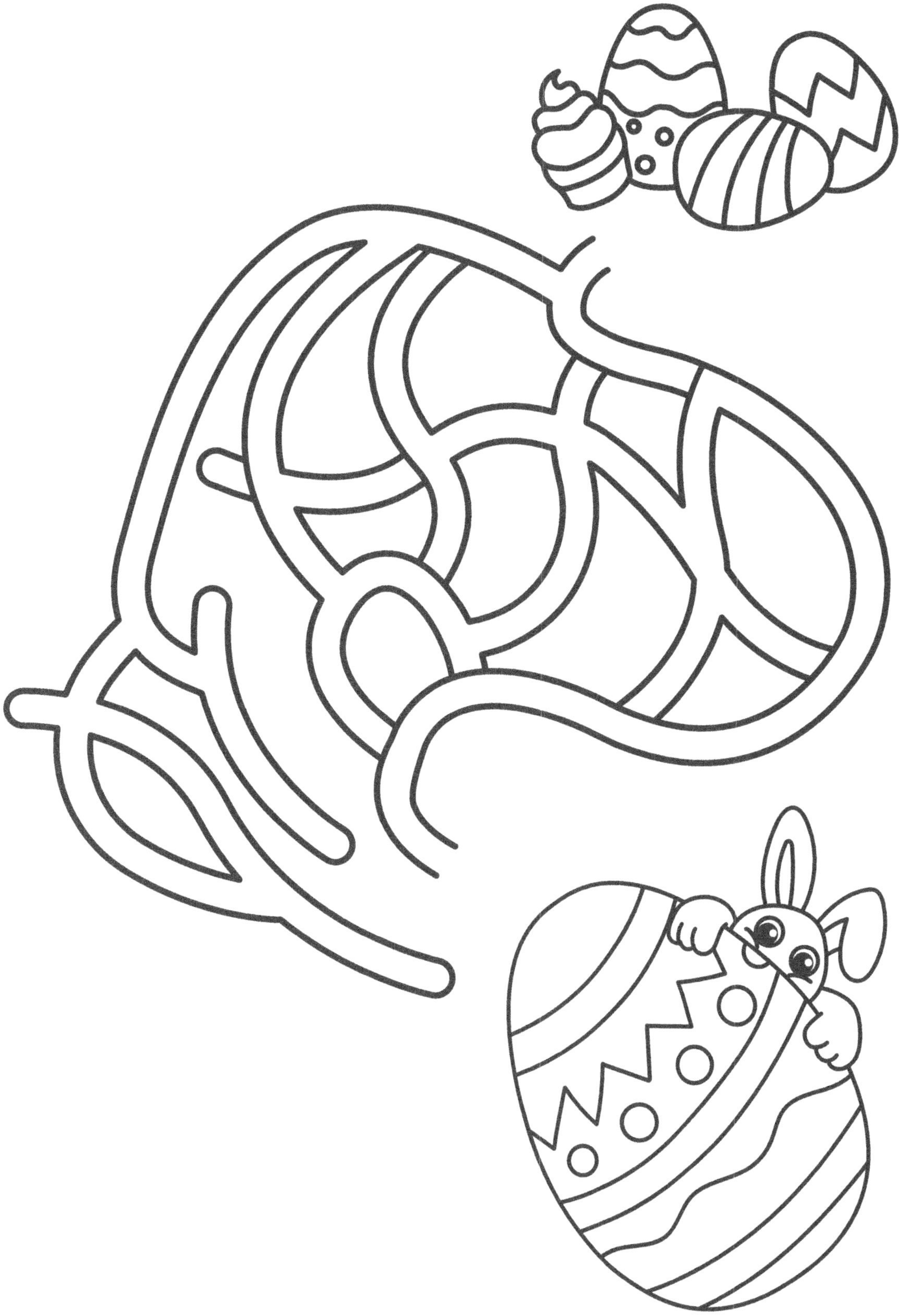

```
R B M T R N S S O R C Y G T
L E M B Q W G A D K X K M L
C L D W E R U S A E R T G N
A B O E N E P Q Q Z Q K O E
D E T J E E N C H N U I L L
B S X B C M V A N C T M Q L
U R C I N C E R C A N A J O
R A A W D P E D R T Z S T P
Y L Z E G A R I C Z M S H P
E L U V D C P W H E S E Q Q
G I M I M S L P X U Q Y N B
G P N G N I X A L E R L D T
S G G I C M U F P C D H C I
S A C R I F I C E Y T G S G
```

1. TREASURE
2. SWEETS
3. SPECIAL
4. SACRIFICE
5. RELAXING
6. REDEEMED
7. READINGS
8. CADBURY EGGS
9. CROSS
10. ENACTMENT
11. INSPIRATION
12. MASS
13. PILLARS
14. POLLEN

1. GREEN   3. WHITE   5. YELLOW   7. VIOLET

2. BLUE   4. BROWN   6. RED   8. PINK

	5		8	4	7		9	1
	2	8			9	5		4
	7	4		2	5			
	1		5				6	8
6	4		9		2			
	8	3		1		9		
		7	6				5	
8		2			4	3		
	3		2	9	8			

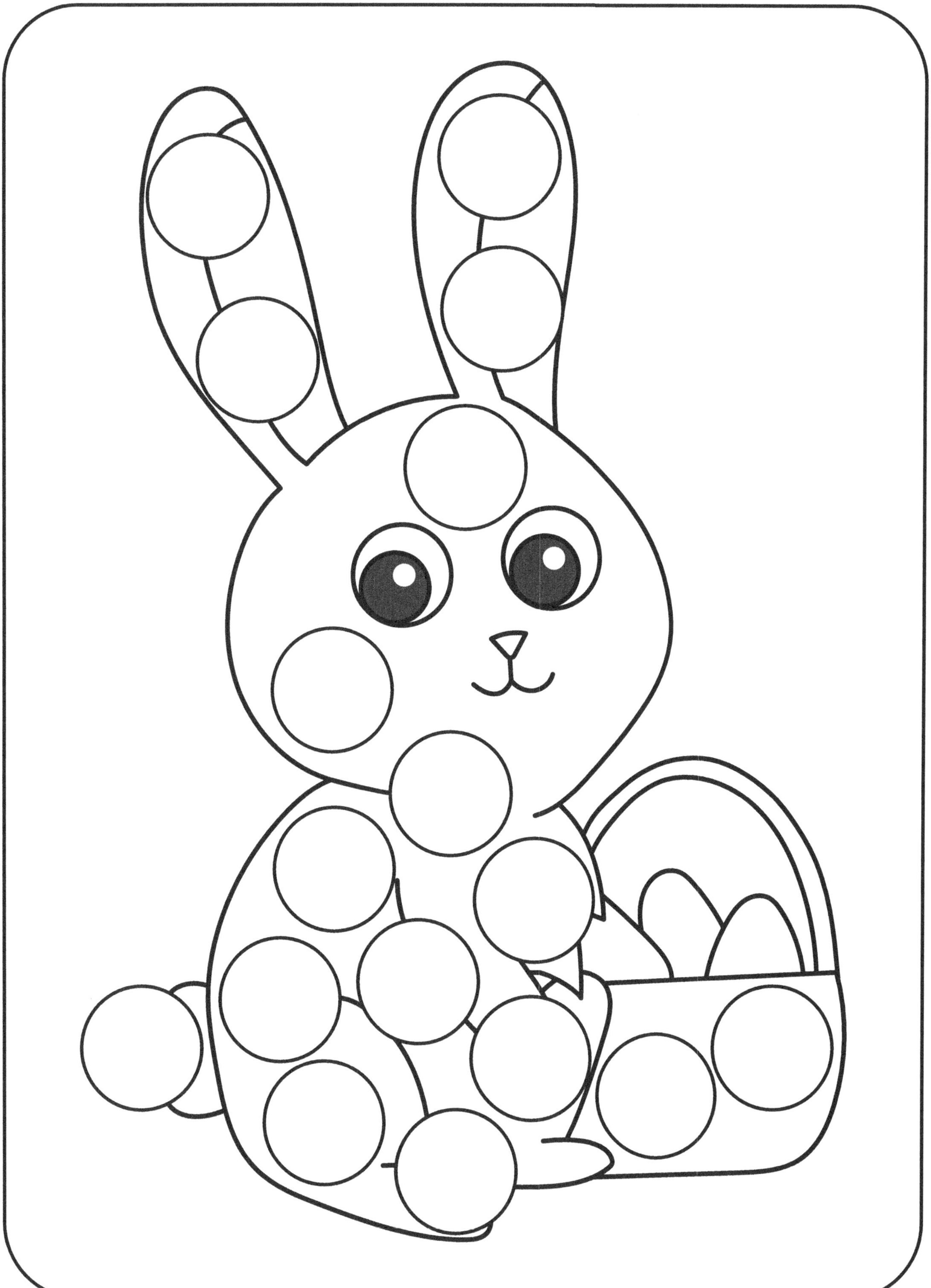

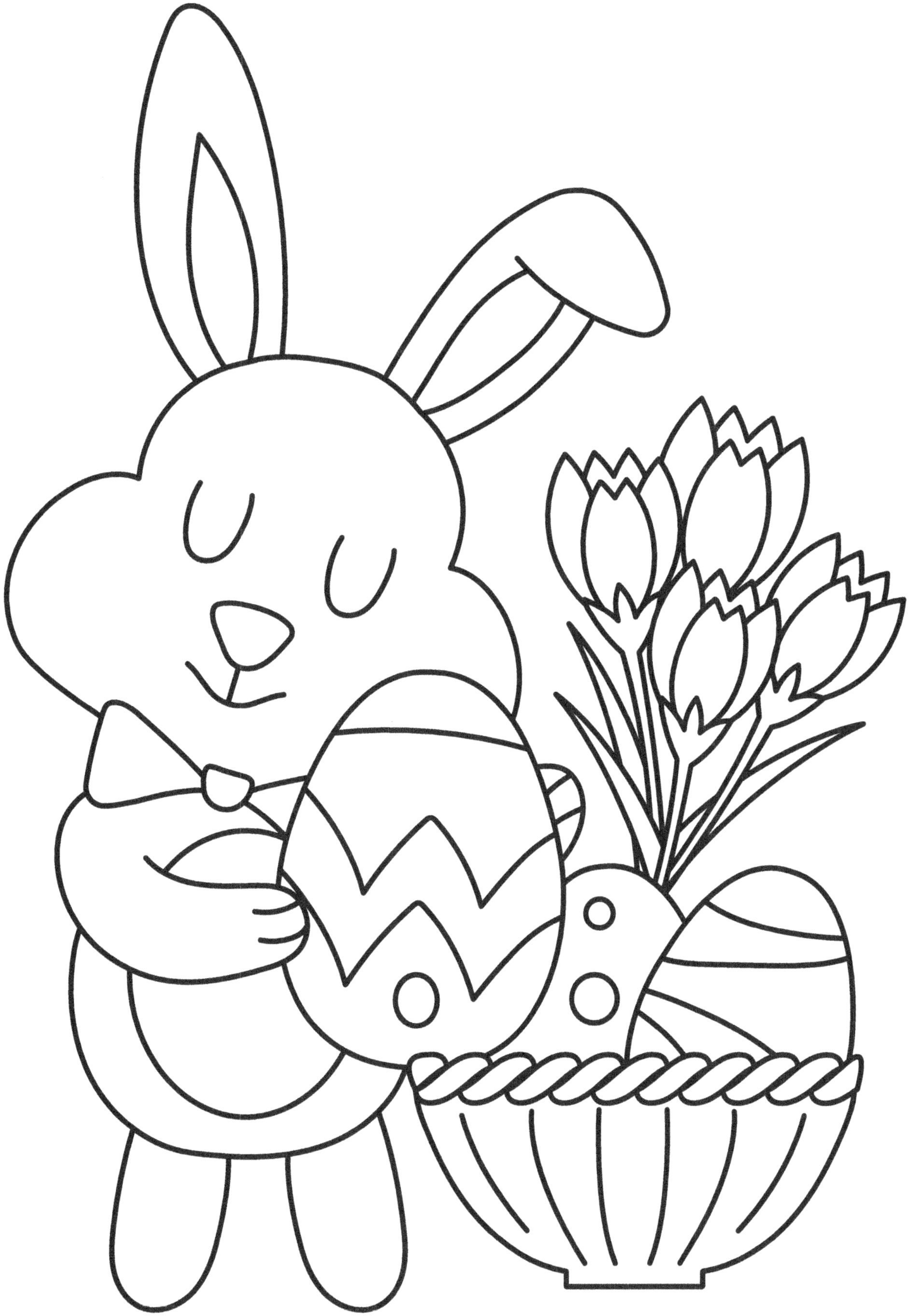

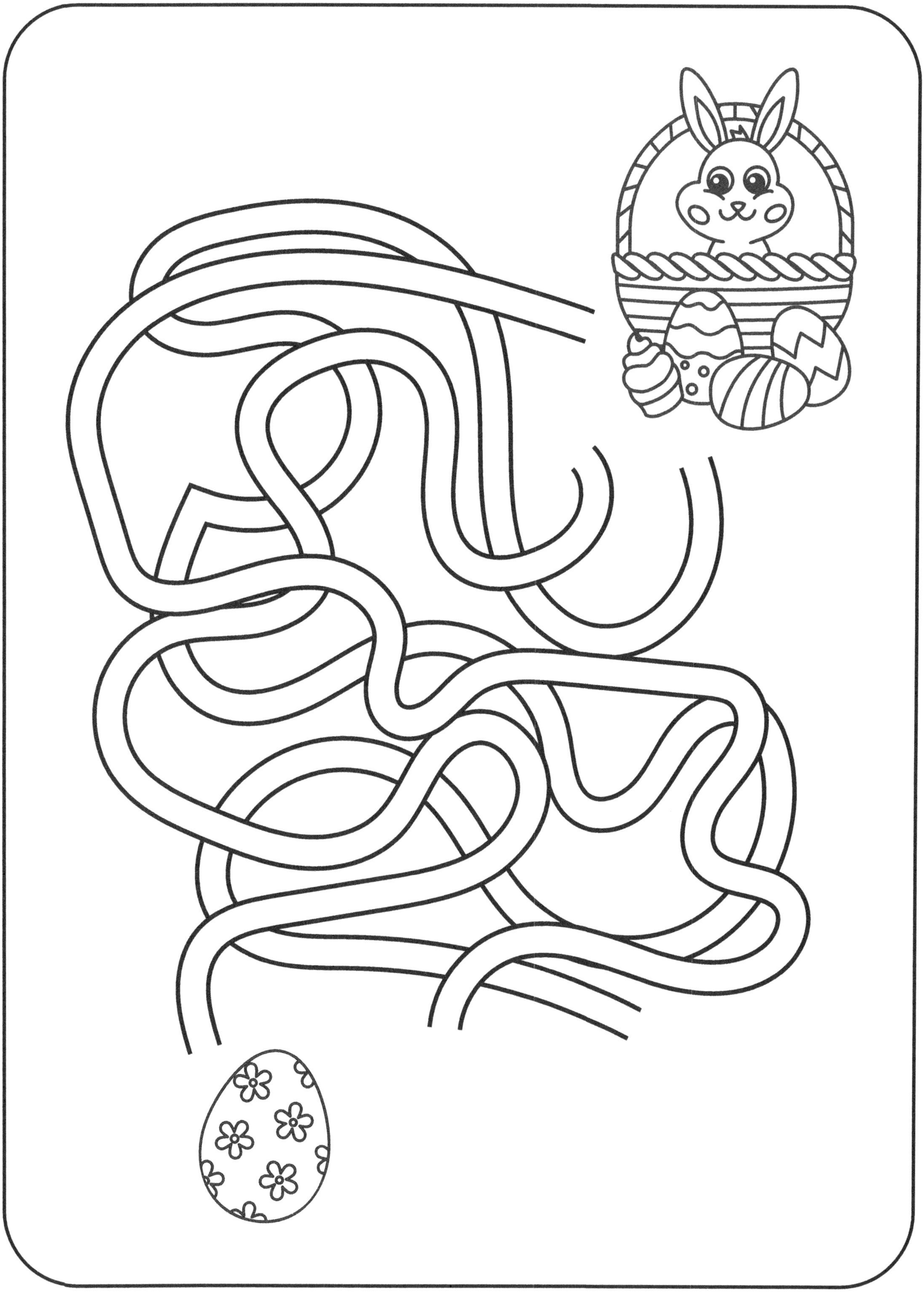

```
C L Z O H U P B P M N J H C
H D D E C Z H L R L H G X E
R G L V A Y J P Y E O B X M
B I B L E L D P G B A P C A
C L X V R H O V T L R D N R
W R A M P K D U A E E Q O Y
S O U U C B E U S S K T I L
L F C I G Y A S Q S G W S I
O V H F Y H I K S E X A Y M
W C K P D O I M I D M B A A
T Y T I N U I N V N T T X F
K U W J E N R X G U G X Q O
P L A S T I C E G G S W H W
G E H H P V E E A I X S L L
```

1. ZEALOUS
2. UNITY
3. PREACH
4. PLASTIC EGGS
5. NOISY
6. MARY
7. LAUGHING
8. BAKING
9. BIBLE
10. BLESSED
11. BREAD
12. CHICK
13. EXPRESSION
14. FAMILY

1. GREEN 3. WHITE 5. YELLOW 7. VIOLET
2. BLUE   4. BROWN 6. RED   8. PINK

6	4		9				7	2
	2			5	6	8		1
8	1			7		4	6	5
5	7		3		4			9
4			6		7	5		
			5	2				6
2		4			9			8
		3			5	6		
			1			9	3	

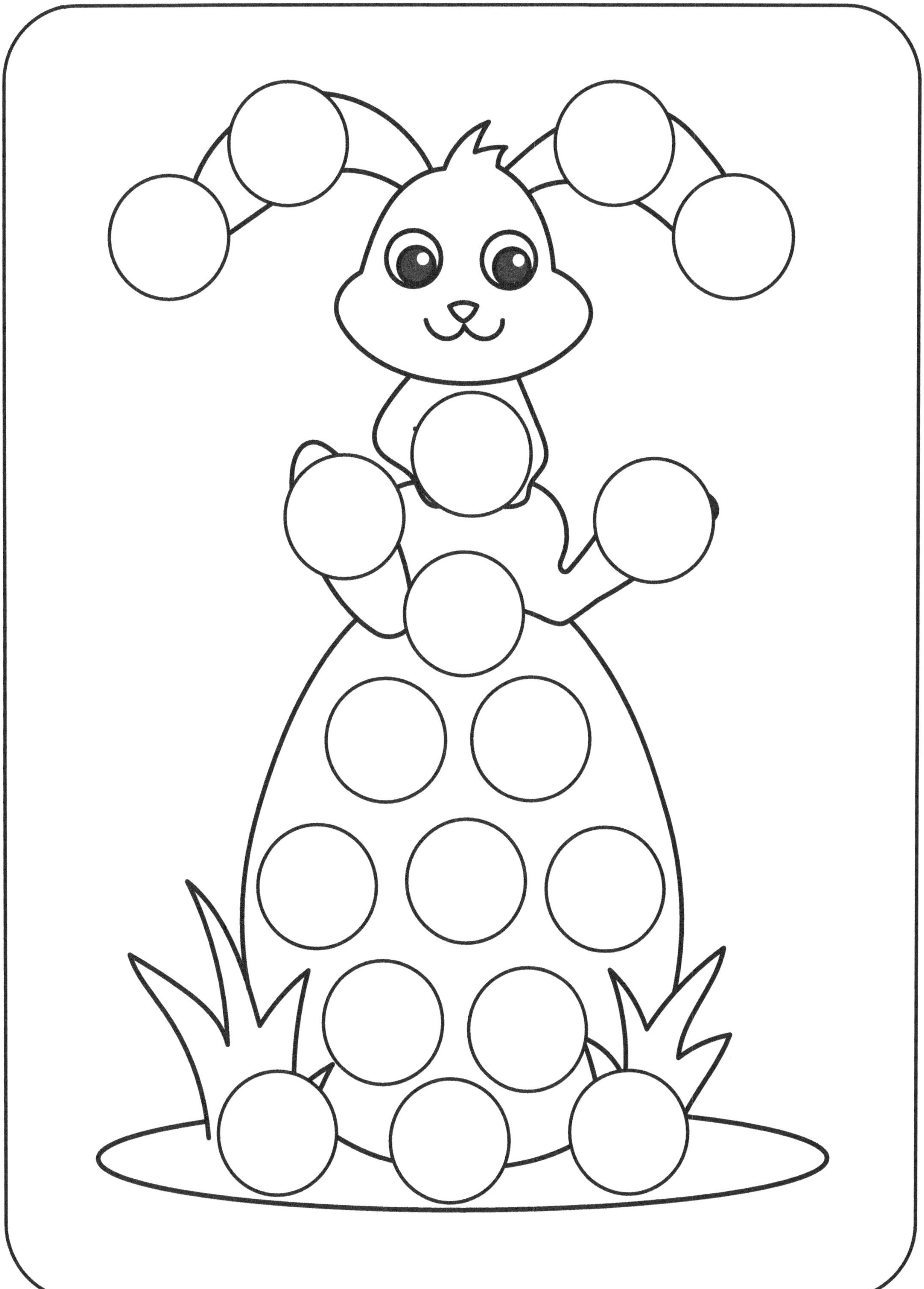

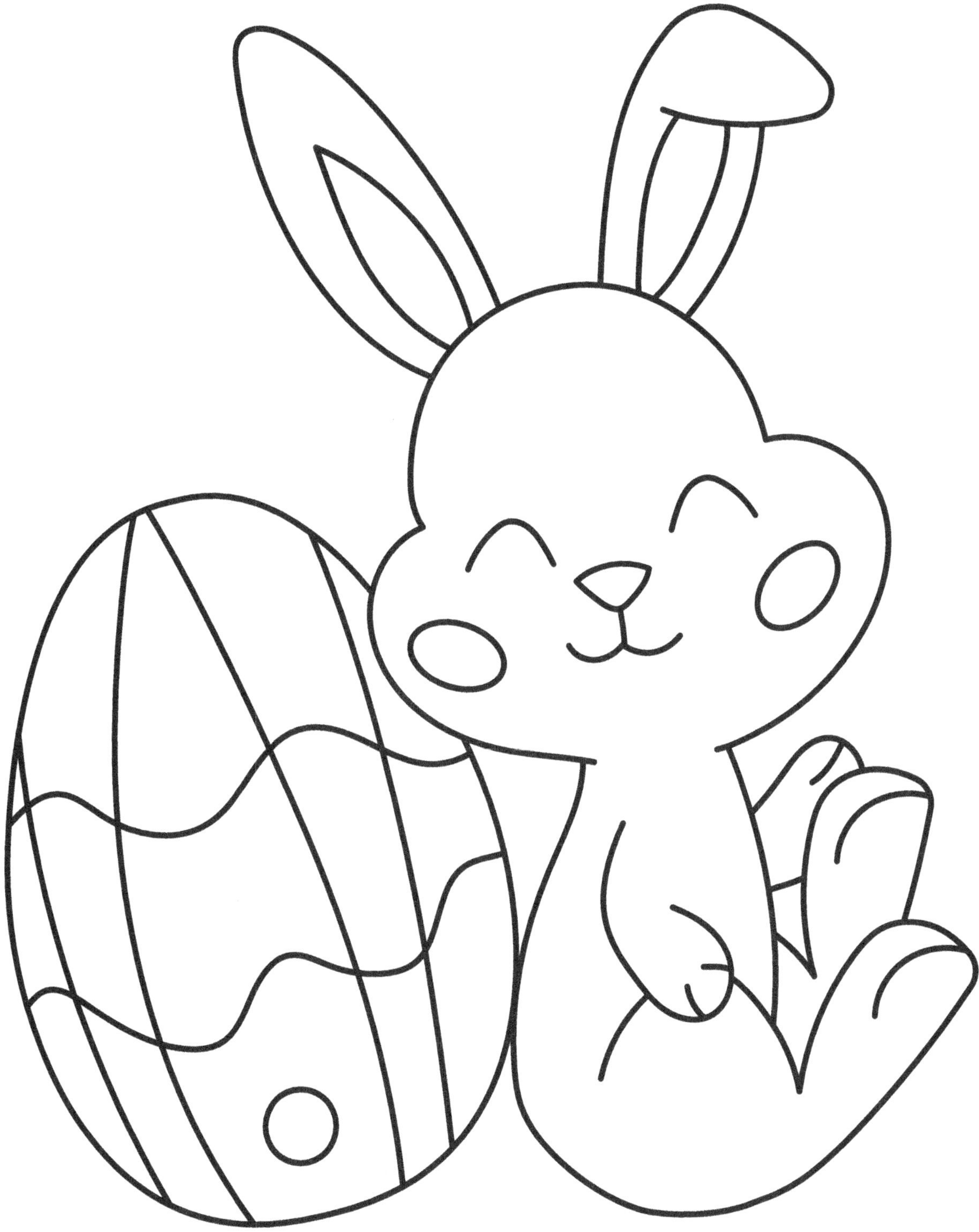

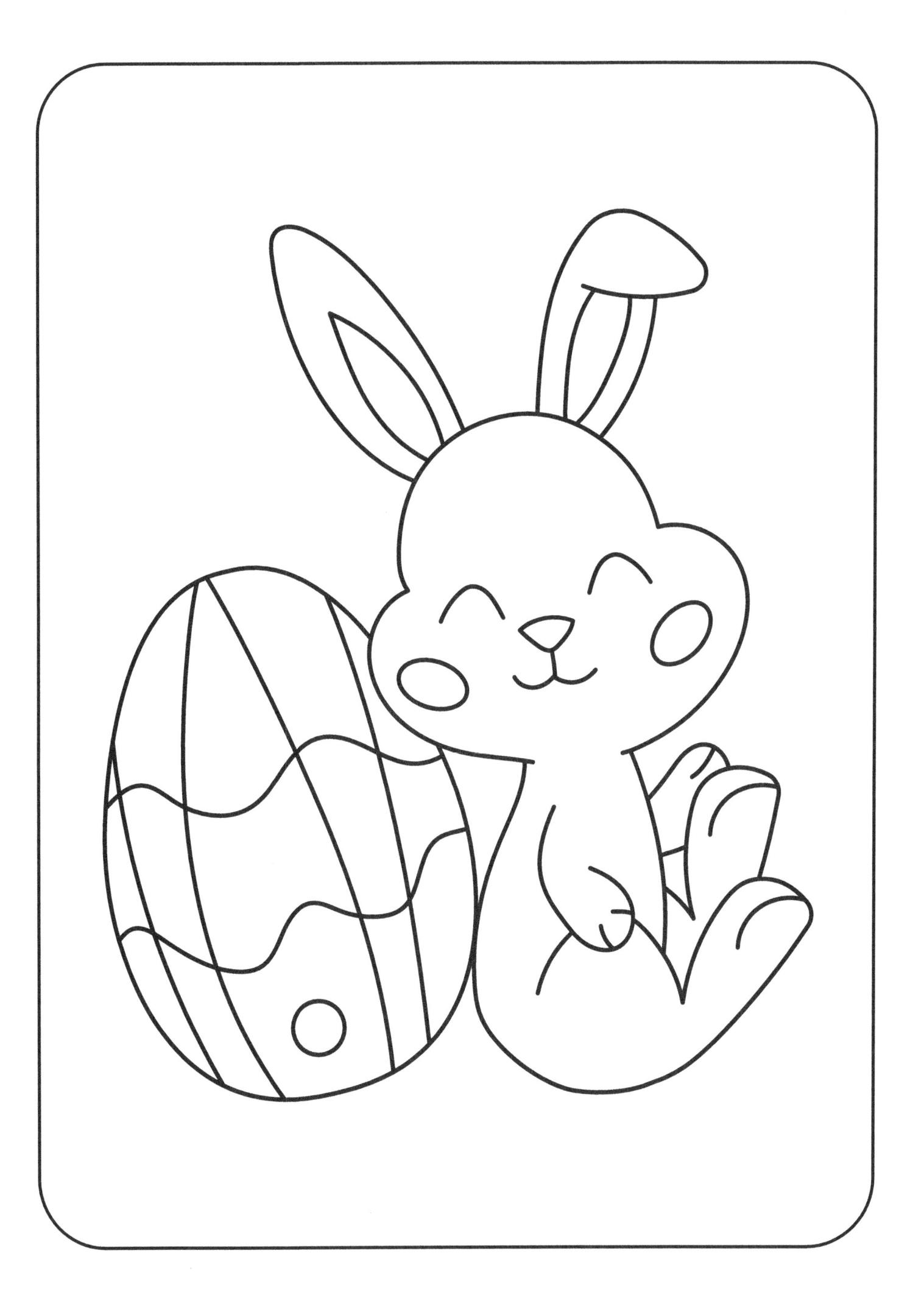

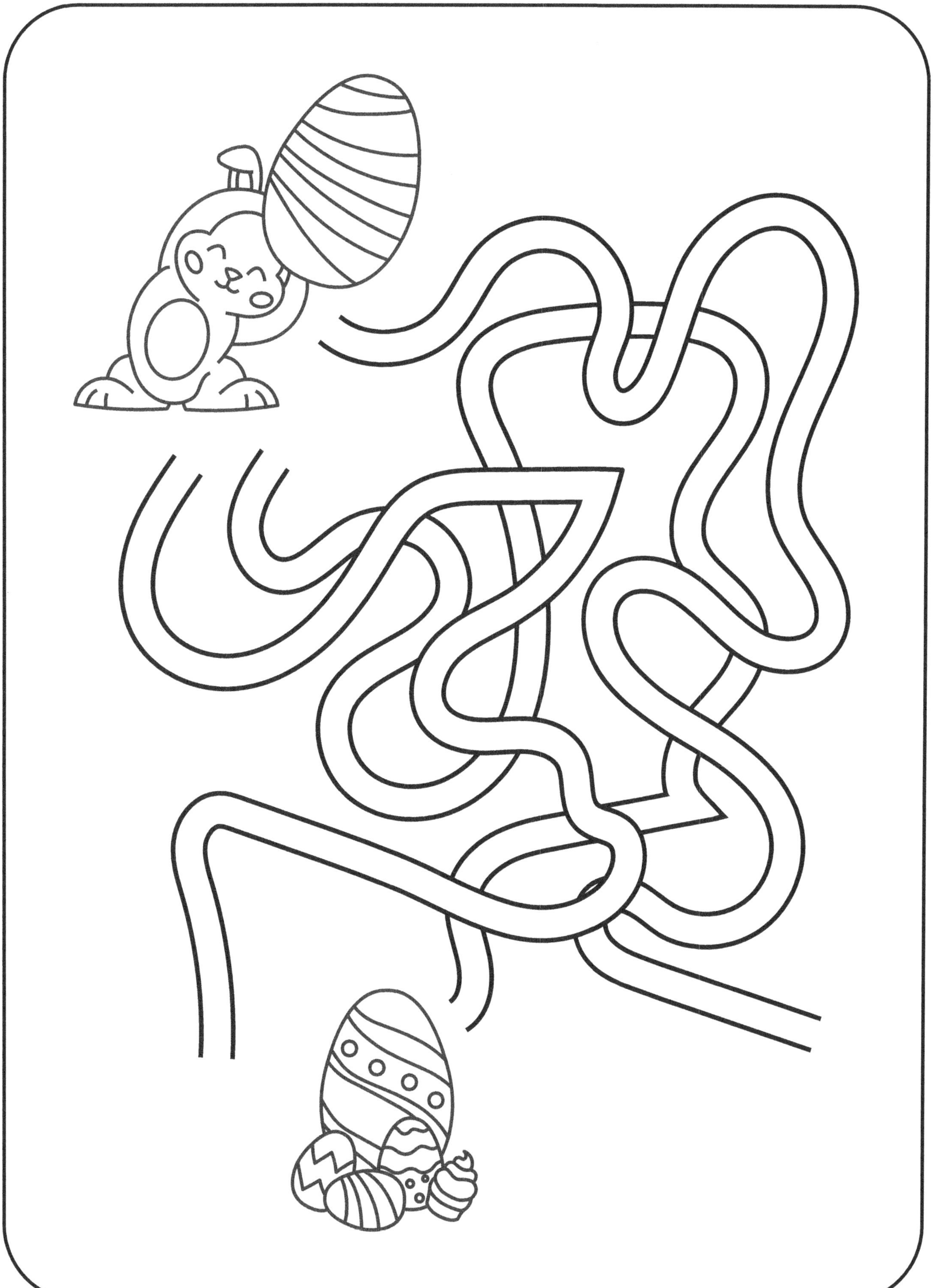

```
F P G D L V M S I T P A B Q
W R E D A R A P X H H O Q C
E D E R N P V H B U X L H D
M Q F Q P F L U F R O L O C
P I H O U L M R F S H M R L
A Q D D S E E P S D E I E W
O I Y E S Y N X V A A N H T
F V F L E P U T E Y V T X D
R U A P R K R E H D E J P Z
Z D L T D Z L A L C N E O E
E Y I T I P D H Y D R L A H
U A N I R O H G K E T L H J
W N T U I D N R O T R Y E W
E N P F F O R T U N E M S S
```

1. TORN
2. THURSDAY
3. PURPLE
4. PRAYER
5. PERPLEXED
6. PARADE
7. OVATION
8. BAPTISM
9. COLORFUL
10. DRESS UP
11. FORTUNE
12. FREQUENT
13. HEAVEN
14. MINT JELLY

1. GREEN   3. WHITE   5. YELLOW   7. VIOLET
2. BLUE   4. BROWN   6. RED   8. PINK

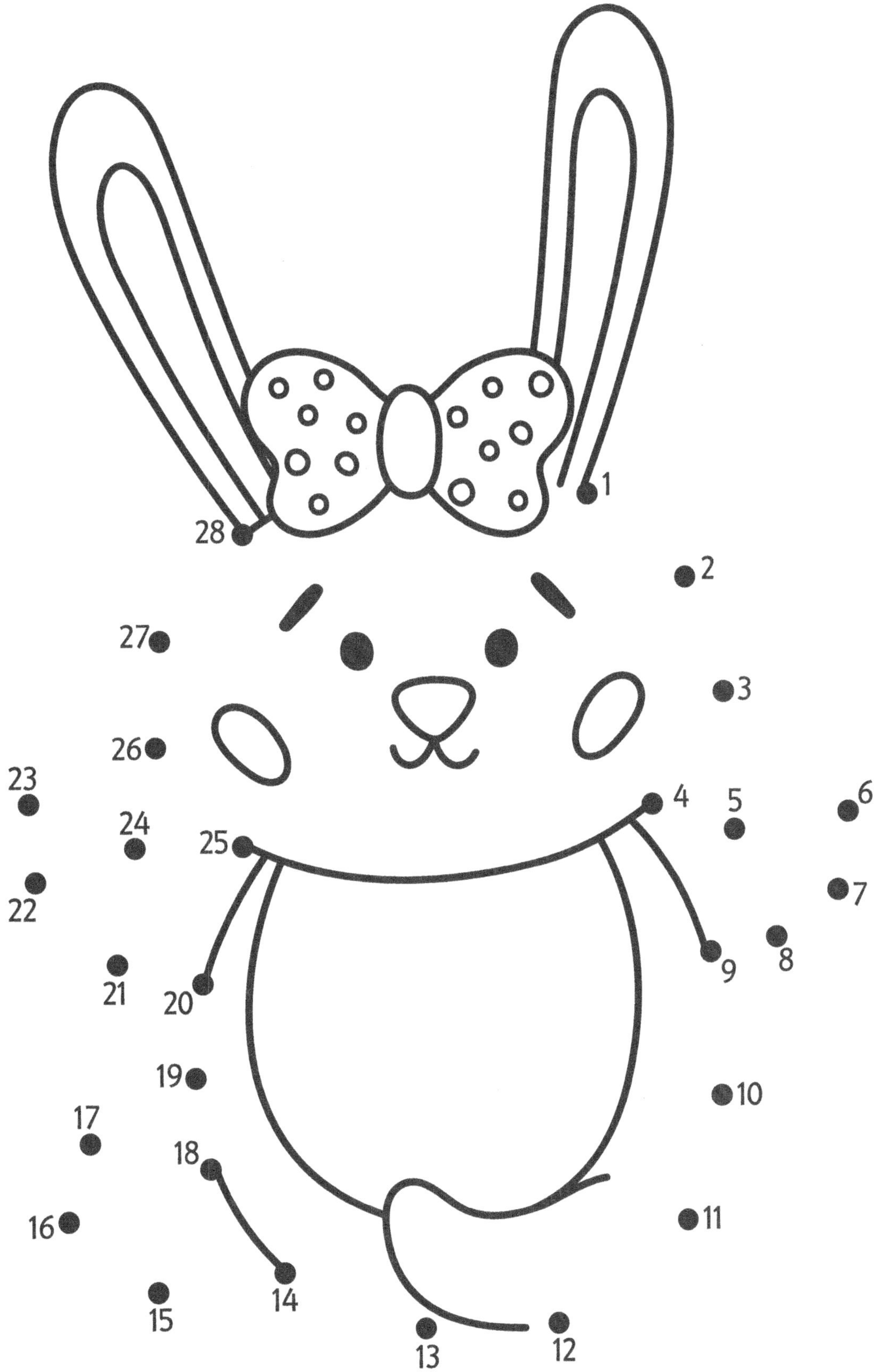
1
2
3
4
5
6
7
8
9
10
11
12
13
14
15
16
17
18
19
20
21
22
23
24
25
26
27
28

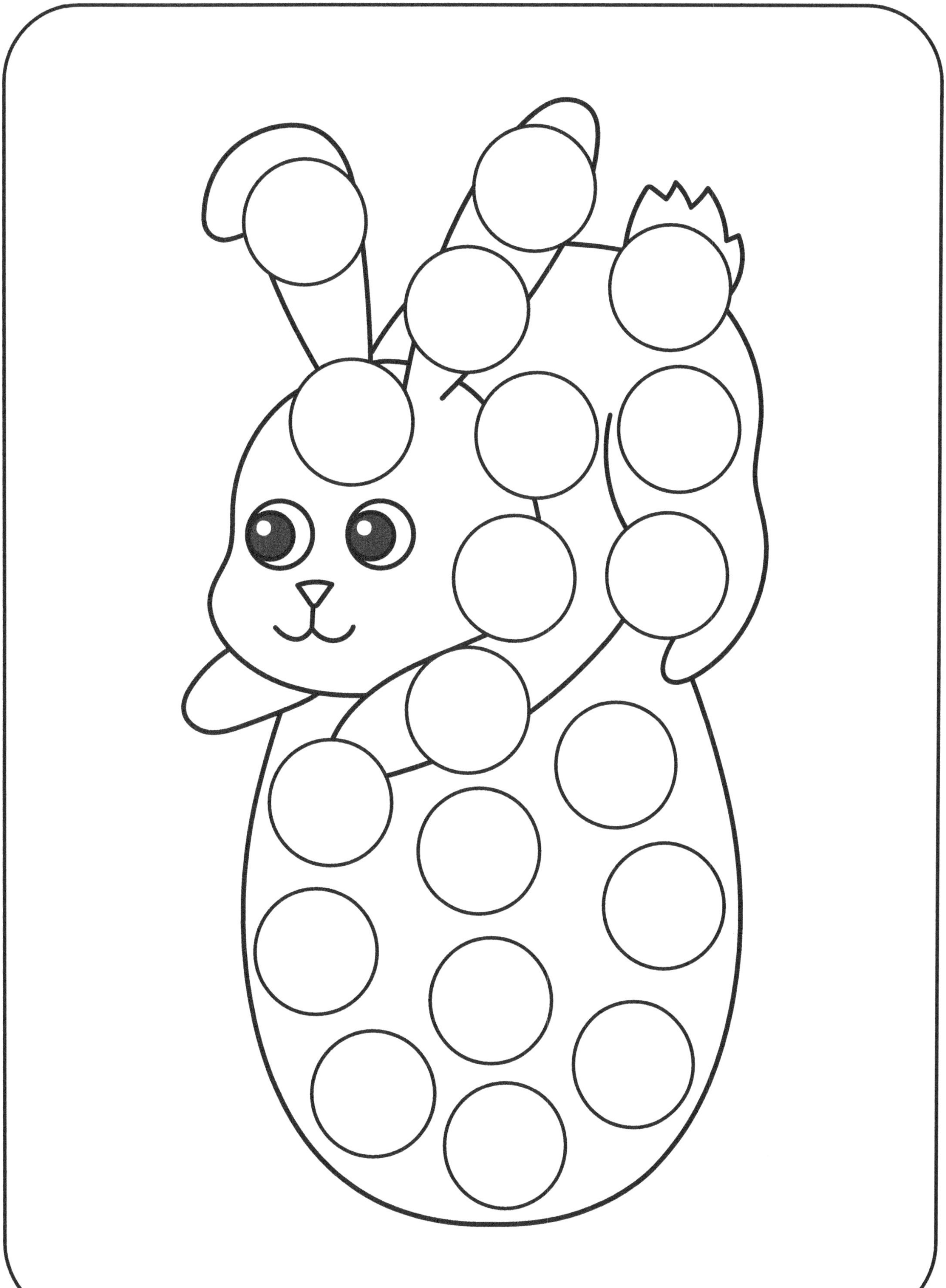

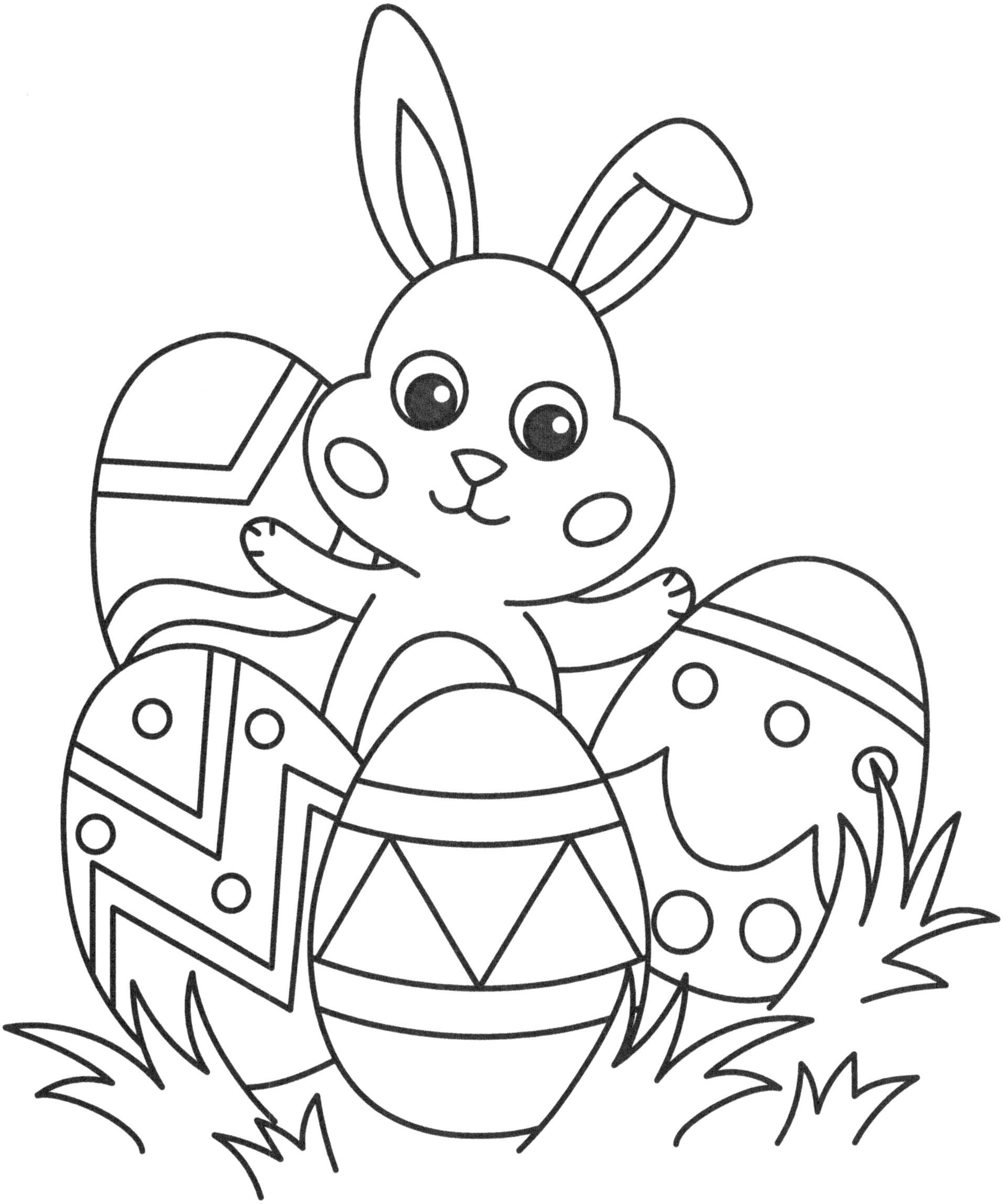

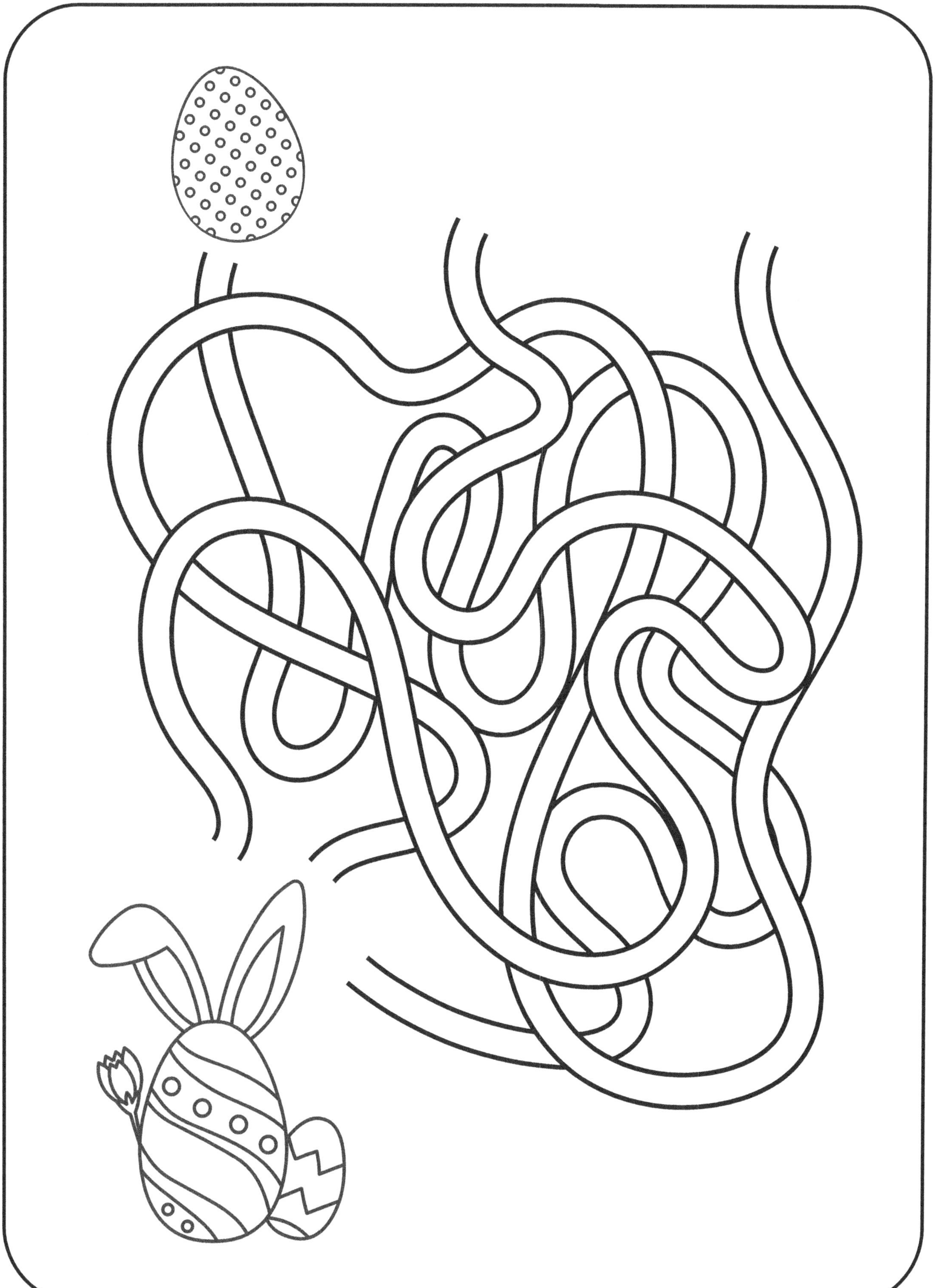

```
W D E C O R A T E W E T B G
O M H I I Z T M J L C R K C
R J L V X L F G B Y B X T L
S Y L O U H R A B L Z C J O
H P S M G H E B U N N Y R C
I R F G G C B W H E M S L R
P I M D I B U T T E R F L Y
P Z E T P K I N G K O O W K
E E O N A E S B E L I E V E
D N C L L S C R I P T U R E
P Y D G M C H E Z Y Y G Y S
M F W O G N A T U R E H P F
R E M E M B E R E D K Y W X
P A L M S U N D A Y V Z V B
```

1. WORSHIPPED
2. SCRIPTURE
3. REMEMBERED
4. PRIZE
5. PALM SUNDAY
6. PALM
7. NOTICEABLE
8. BELIEVE
9. BUNNY
10. BUTTERFLY
11. DECORATE
12. KEEN
13. KING
14. NATURE

1. GREEN 3. WHITE 5. YELLOW 7. VIOLET
2. BLUE 4. BROWN 6. RED 8. PINK

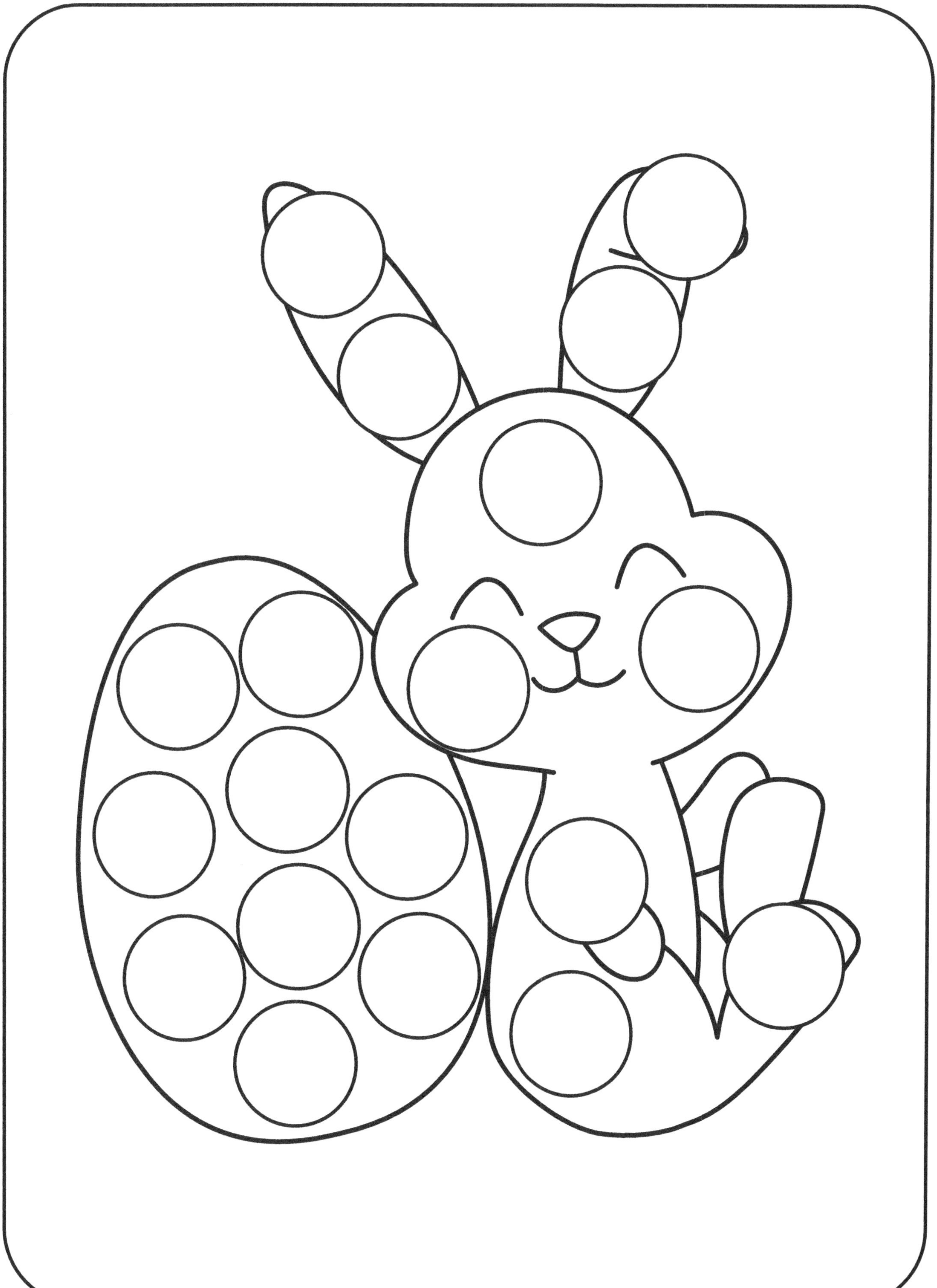

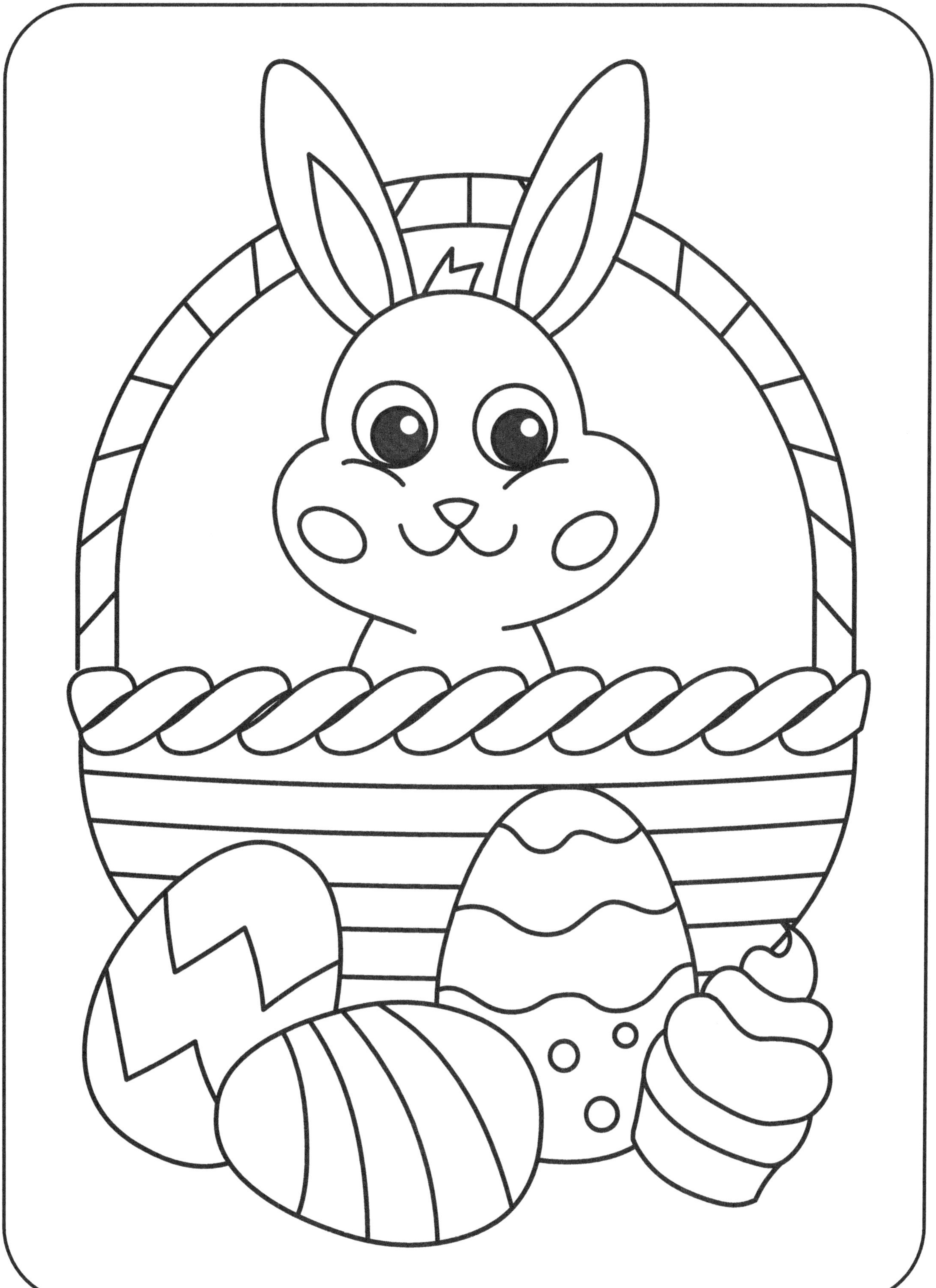

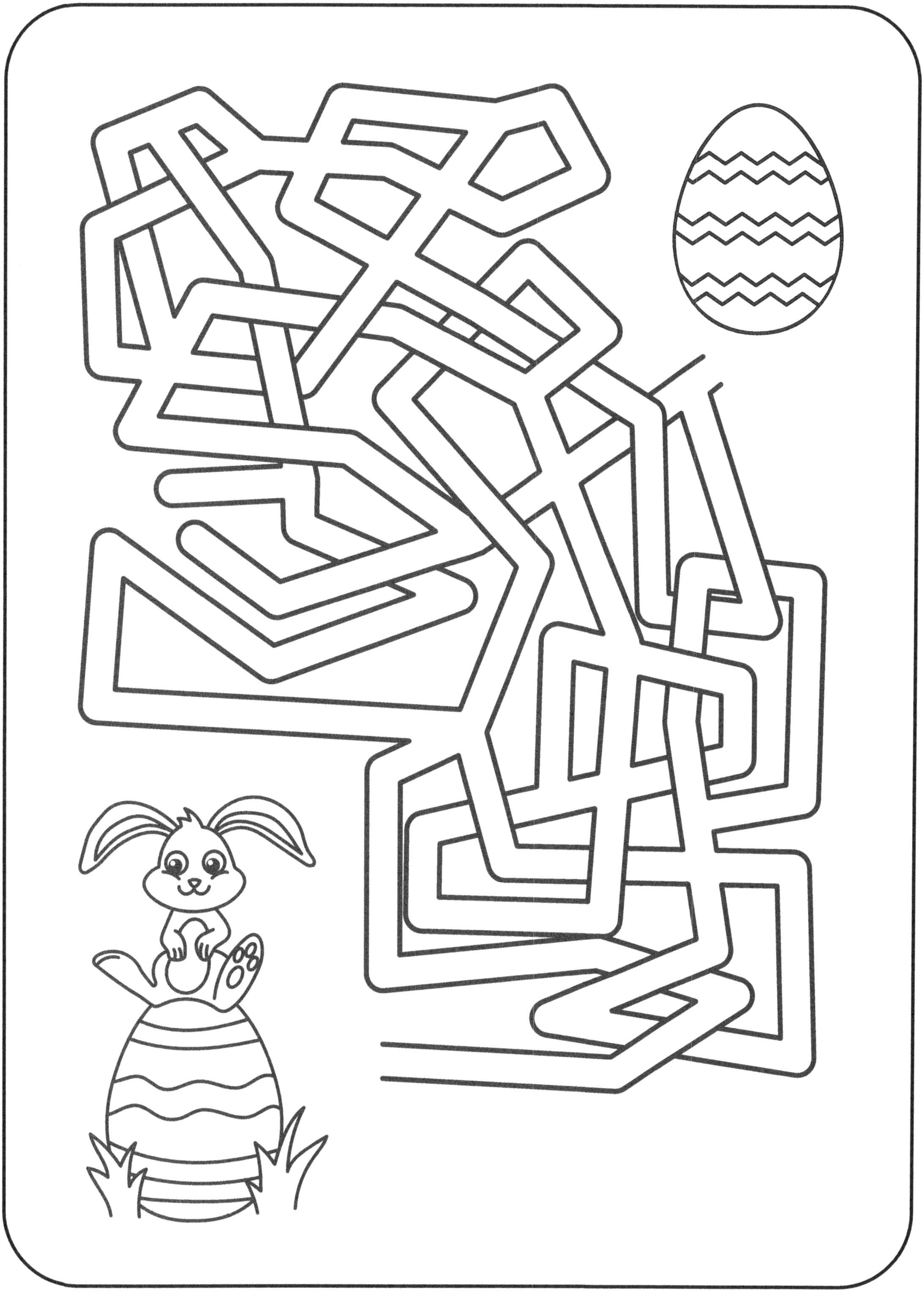

```
S P I A R G N S L G S Z F U
Q A C N P I L Q U R A X V K
K S Q N D E S S F A N G E J
U T Z G G U B E I V C Y N E
S E H N U I L L C E T S E N
F L A F N C S G R U I S R B
R E N T B R N R E X T N A I
N D X Z W Z M Z M N Y H B I
G X B R U N C H A H C Q L J
L J I S V H U Q O E H E E F
G N I D N A T S R E D N U F
J K M V U T N I A U Q M U I
I F Q C G S V L S K G M L K
H C I I N T E R A C T I O N
```

1. VENERABLE
2. UNDERSTANDING
3. SANCTITY
4. RISE
5. QUAINT
6. PASTEL
7. NEST
8. ANGELS
9. BRUNCH
10. GRAVE
11. HATS
12. INDULGENCE
13. INTERACTION
14. MERCIFUL

1. GREEN   3. WHITE   5. YELLOW   7. VIOLET

2. BLUE   4. BROWN   6. RED   8. PINK

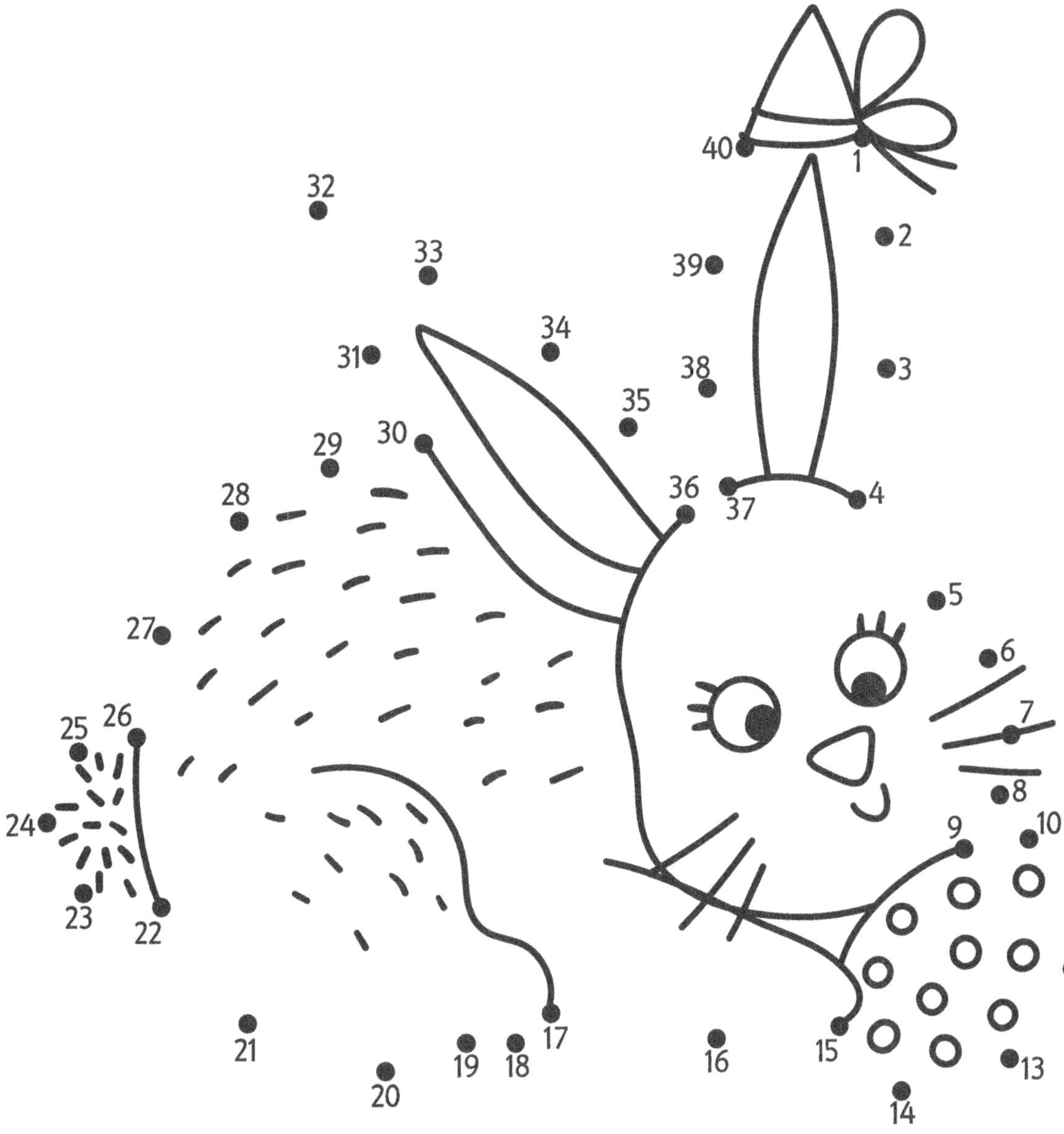
1
2
3
4
5
6
7
8
9
10
11
12
13
14
15
16
17
18
19
20
21
22
23
24
25
26
27
28
29
30
31
32
33
34
35
36
37
38
39
40

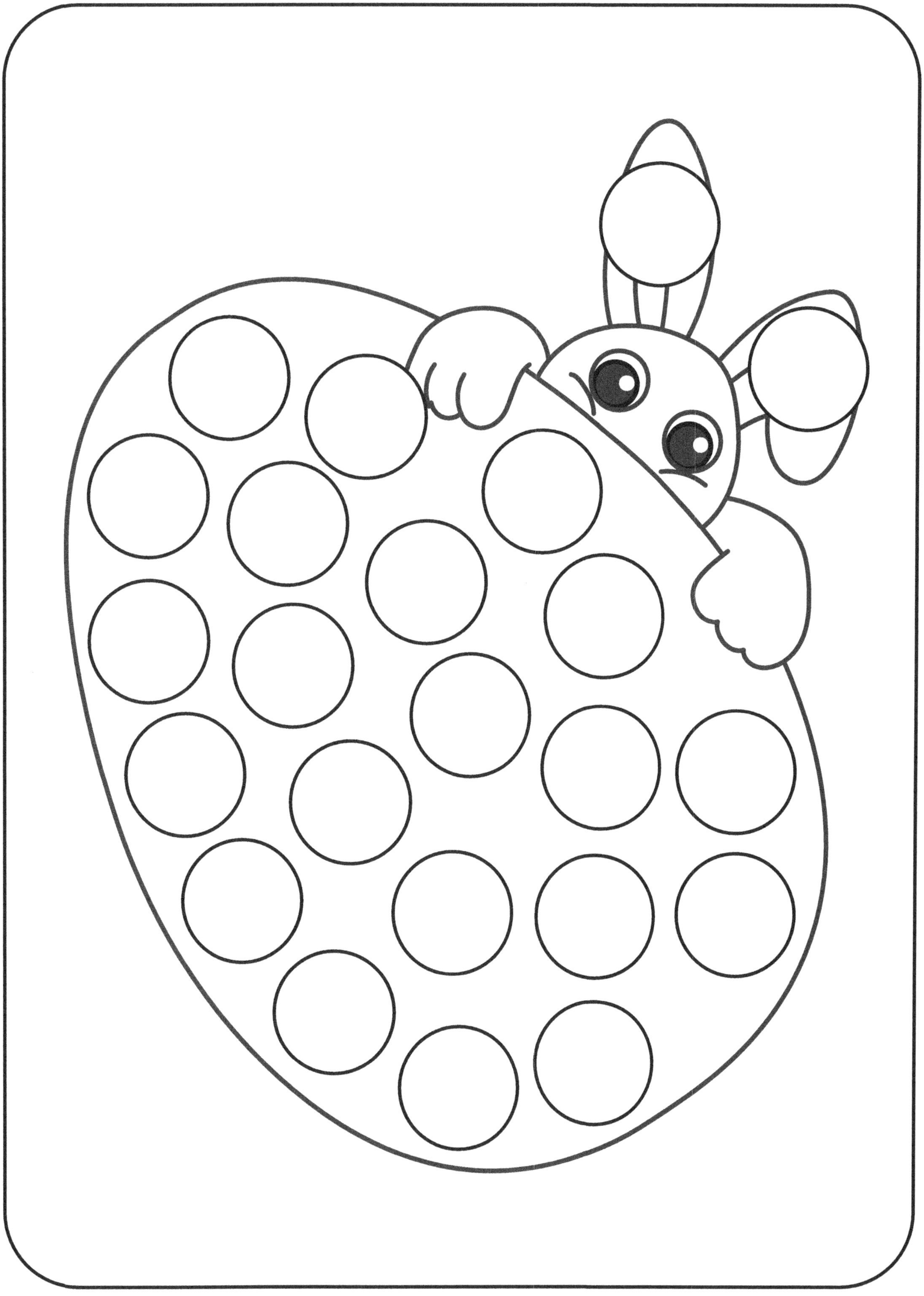

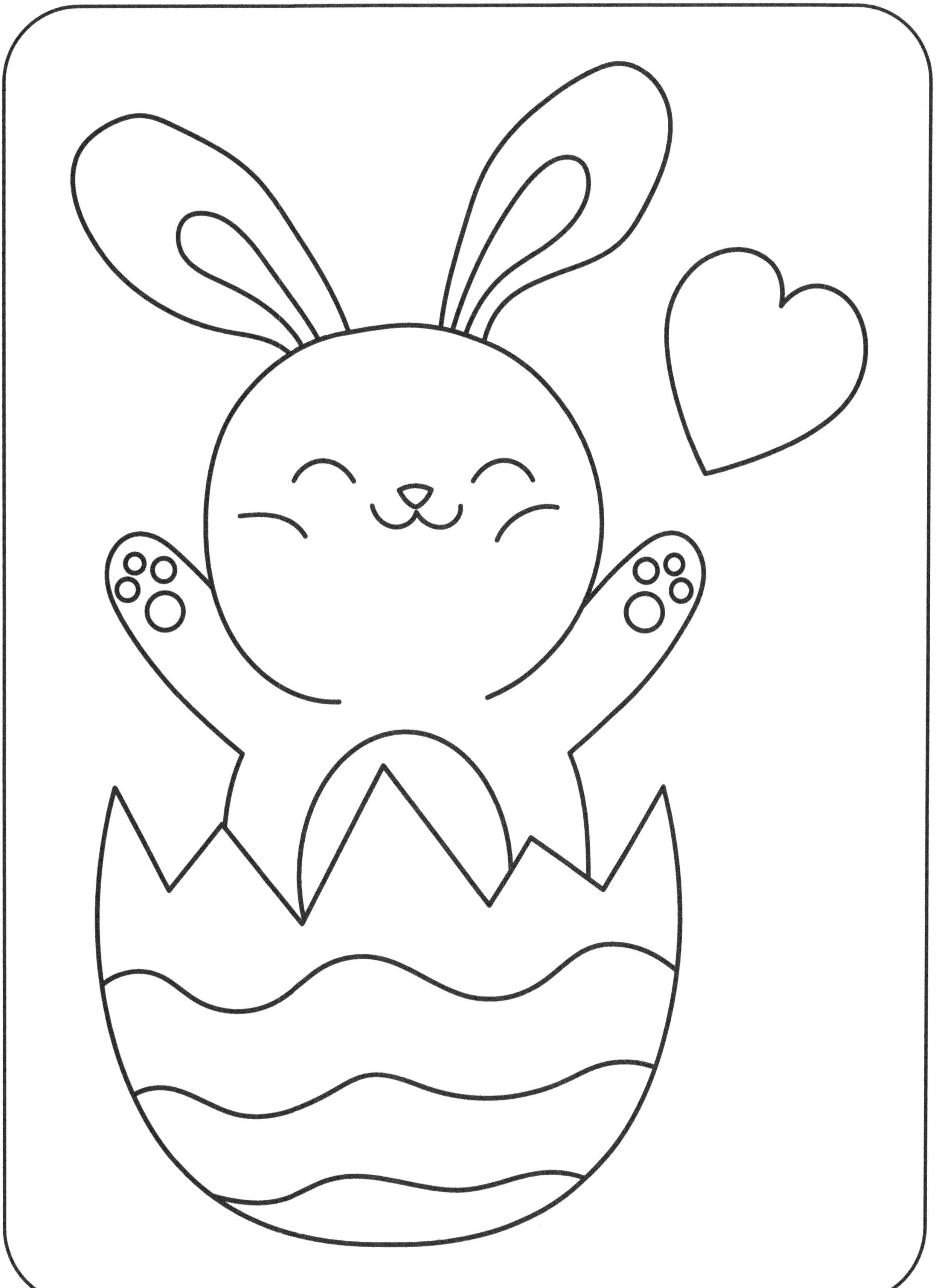

Made in the USA
Las Vegas, NV
08 April 2025